子育て支援のための
イラスト・カット集

アイデア文例 & ひとくちアドバイス付き

青木 智恵子 著

黎明書房

●●● はじめに ●●●

「子育てを enjoy しましょう」——などというフレーズを目にすると，チャンチャラおかしい気分でいっぱいになります。

「子育てが楽しいわけがない！」——これが現在の私の心境。

でも，私は若いころの「楽しい」という感情とは違った，「お母さんとしての喜び」という気持ちを知ることができたように思います。この本を手にしている皆さんもそうかもしれませんね。

わが子にとって「お母さん」は世界中でたったひとり。自分だけ。誰にも代わりはできません。つらいことがあったら一緒に考えていきましょう。

育児相談も深夜にメールでできてしまう世の中ですが，育児不安を本当に解消し，気持ちが明るくなるためには，やはり，他のママや赤ちゃんや子どもと，じかにふれあい，おしゃべりをすることが大切なのでは，と思います。実際に人とふれあうことで，ママも子どもも自分を確かめることができるのです。支援センター等に相談できるようなお母さんはとても健康な方です。問題はセンターに来ることもできないような母親を，いかに助けられるか，ということかもしれません。

——この本が子育てに関わる職種の方を含め，育児を頑張るすべての人
　　にエールを送るための一助となれば幸いに存じます。

　　　　　　　　　　　　　　　　　　　青木智恵子

●●● **本書の特徴** ●●●

★子育てのお便り一つ作るにも「題字はこのカット集から」「育児のワンポイントアドバイスはこの雑誌から」「子育てに関するちょっとした，いい言葉はこの本から」「風邪予防の呼びかけ記事は保健パンフレットから」……などなど，あちこちから本や資料をひっぱりだして，面倒だなあと思ったことはありませんか？

★保育関係者は他の福祉・行政・医療の分野のカットやまめ知識のコラムを探すのに時間がかかったり，逆に，保健関係者は保育や幼児など他分野のイラストを探すのに手間がかかったり，という経験はありませんか？

★時代の流れで「父子の交流」「パパの育児参加」「虐待・ネグレクト」「子育て支援ネットワーク」「読み聞かせ」「多様な託児サービス」「育児サークル活動」などのタイムリーなカットが欲しいのになかなか見つからず，パンフレットやリーフレットをごそごそ調べまわって苦労したことはありませんか？

★季節感のあるお便り（〇月号など）を作る際，「〇月の飾り罫線」「〇月のイラスト」「〇月の保健記事」「〇月の豆知識・コラム」「〇月の行事」など，それぞれ複数の雑誌から抜粋したり，いろいろなページをめくったりして大変だったことはありませんか？

★育児サークルや教室の名前を決めるのに迷って時間がかかったことはありませんか？（特にママさんサークルでの名前決めなどは意外にみんな黙ってしまい，話が進まないもの……）

★子育て中の母親に対して育児支援サービスの紹介や健診案内のハガキを作る際，文章作りに悩んだことはありませんか？

★園児のカット集は多いけれど，就園前の乳幼児や親子のカットを探すのに苦労したことはありませんか？

———そんなあなたの悩みを一発解消！　多方面の分野をカバーし，現場の声を反映したパワフルな一冊です。

●●● もくじ

はじめに　1
本書の特徴　2

第1章　子育て支援パワフルカット　5
あなたの子育て応援します・
　核家族・新エンゼルプラン…5
　子育て支援センター・相談…6
　保育・託児情報整理表…10
　いろいろな保育サービスの形態…12
　子育てひとくちアドバイス…13
　虐待…15
　パパの育児参加…18
　食事・食育…21
　あいさつ…23
　生活習慣…24
　排泄・おむつはずれ…25
　療育・障害児保育…26
　育児用品…27

第2章　医療・保健　28
　健診・身体測定…28
　熱・せき…29
　鼻水・鼻詰まり・吐いたとき…30
　下痢・便秘…31
　風邪・インフルエンザ…32
　予防接種…33
　歯科保健…34
　歯科検診結果カード…35

第3章　季節のカット・ひとくちコラム　36
　1月…36　　　7月…42
　2月…37　　　8月…43
　3月…38　　　9月…44
　4月…39　　　10月…45
　5月…40　　　11月…46
　6月…41　　　12月…47

第4章　行事・イベント　48
　　絵本の世界へようこそ！…48
　　読み聞かせ・絵本選びのコツ…49
　　エプロンシアター・パネルシアター・
　　　お店屋さんごっこ・水遊び…50
　　お祭り…51
　　運動会…52
　　バザー・フリーマーケット…53
　　料理教室…54
　　親子ふれあい体操…55
　　お年寄り・在園児との交流…56
　　遠足・ふれあい動物園…57
　　施設見学…58
　　果物狩り・収穫祭…59
　　幼児の遊び…60

第5章　見出し・題字・囲み枠　61
　　サークル・教室の名前…61
　　楽しい小見出し…63
　　そのままアイデアハガキ…67
　　カード・表彰状…69
　　領収袋…72
　　予定表…73
　　囲み…74
　　メモ…75
　　FAX送信票…76
　　ネームプレート・ミニ囲み枠…77
　　そのままマーク・メダル…79

第6章　表示案内　81
　　受付・母子手帳はこちら…81
　　問診・診察…82
　　計測・〇〇はこちら…83
　　視力・ことばの相談…84
　　健康相談・保健指導…85
　　歯科検診・歯科指導…86
　　育児相談・栄養相談…87
　　授乳・おむつコーナー・
　　　えほんコーナー…88

第7章　お便り・広報作成例　89
　　育児サークル通信作成例…89
　　子育て支援センターだより作成例…90
　　PRちらし作成例…94

　あとがき　95

1 子育て支援パワフルカット

● あなたの子育て応援します・核家族・新エンゼルプラン

子どもは社会の宝物！
あなたの子育て応援します！

核家族化
相談する相手もいなくなってきました…。

新エンゼルプラン

※参考に94ページ

● 子育て支援センター・相談

みんな，知ってる？
子育て支援センター

ママさん教室あります！

ママ友つくろう！
ほっと一息つきませんか

みんなおいで！

子育てネットワーク

子育てメール

子育てティータイム

ママ達つくってリフレッシュしよう

一人で悩まず，電話相談！

がんばりすぎていませんか？

※参考に 15, 66, 87, 94 ページ

● 子育て支援センター・相談

子育て支援虐待防止ネットワーク

子育て相談センター

保健所でも相談にのります

子育て研修会のお知らせ

託児あります

放課後児童クラブ

幼児家庭教育学級

こころの相談

※参考に15, 66, 87, 94ページ

● 子育て支援センター・相談

育児、応援宣言

一人で悩まない

リラックス

パパと子育て

育児情報

育児よろず相談

育児SOS

電話相談

困った時の相談ダイヤル

※参考に 18〜20, 87, 94 ページ

● 子育て支援センター・相談

保育士
保健師
児童相談員
栄養士
医師・看護師

一人で悩まないで　まずは相談してみよう

相談にのります！
子育て支援センター
保健センター
児童相談所
市町村福祉課
保健所

● 保育・託児情報整理表

保育・託児情報

　　　　　　　　　　　　　　　　　　　　　　　　　　　年　月　日現在

施設名 連絡先	保育時間	乳児 保育	延長 保育	一時 保育	休日 保育	障害児 保育	病後児 保育	ショート ステイ	夜間 保育	備　考

● 保育・託児情報整理表

保育・託児情報　＊前ページの活用例

年　月　日現在

施設名 連絡先	保育時間	乳児保育	延長保育	一時保育	休日保育	障害児保育	病後児保育	ショートステイ	夜間保育	備考
さくら保育園 TEL □△○-○○○○	8:00～17:30	○	×	×	×	○	×	×	×	年少のキャンセル待ち2名
みのり保育園 TEL ○○-□△△△	8:00～17:00	○	○	○	×	○	×	×	×	
にこにこルーム TEL ○△-○○△△	7:30～17:30	○	○	△ 応相談	○	×	×	×	×	
りとるランド TEL ○○-□□△△	7:30～18:00	○	○	○	○	×	×	○	×	ショートステイは2歳以上
清花園 TEL △○-□□○○	8:00～17:00	○	○	○	○	×	○	○	○	申し込みは市役所児童福祉課
なかよし子どもセンター TEL □○-△△△□	8:00～17:30	○	△ 応相談	○	×	×	×	×	○	
ぴよぴよキッズ TEL ○△-○○△△	8:00～18:00	○	○	○	△ 応相談	×	○	×	△ 応相談	出張保育あり

＊支援センター等に託児情報の問い合わせは多いものです。保育士や保健師が地域の調査をする際の調査用紙として活用できます。また、子どもを預ける施設を探す際の情報整理のメモ用紙としても活用できます。

● いろいろな保育サービスの形態

★いろいろな保育サービスの紹介★

▶乳児保育
・0歳児に対しての保育サービスです。

▶延長保育
・通常の保育時間を超えて保育します。

▶一時保育
・保護者が不規則な就労形態の場合や病気・急用の場合，育児疲れをリフレッシュしたい時などに，一時的に預かります。

▶休日保育
・保護者の事情で休日に保育できない場合に預かります。

▶病児・病後児保育
・子どもが病中や病後で，保護者が仕事を休めない場合などに，専用の施設で預かります。

▶障害児保育
・集団保育が可能で，障害のある子どもを預かります。

▶宿泊型一時保育（子どもショートステイ）
・保護者が病気・出産などで一時的に養育が困難な時に預かります。

▶夜間一時保育（トワイライトステイ）
・仕事などで保護者の帰宅が恒常的に遅い場合など通常の時間を超えて保育します。

＊地域の実情に合わせて，空欄に問い合わせ先や利用料金等を自由に書き込んで使用してください。

● 子育てひとくちアドバイス

ゆっくり，のんびり，気楽に子育て

赤ちゃんはじーっとみて，きいています。丁寧に話しかけましょう。心も伝わります。

★愛してあげてね★
あなたは——。おかあさんのたっぷりの愛情を感じて育ったと思います。もしくはおかあさんにもっと愛してほしかったと思っている人もいるのかもしれません。…そんなあなたもいつのまにかおかあさんになりました。自分の小さいころを思い出しながら，そんなまなざしで我が子をみてみてください。いっぱい，いっぱい我が子を愛してあげてください。

赤ちゃんの笑顔はパパとママを幸せに

むぎゅっ

パパとママの笑顔は赤ちゃんを幸せに

がんばらないコトも大事です。

息抜きできる時に息を抜いておくことがすごーく大事。だっていざとなったら24時間営業で休めない，お母さんパワーが必要なんだもの！

…〈平凡な毎日の中のちょっとした幸せ〉…………
こどもって，特別にいいことやイベントがなくてもいいものなんです。日々の平凡な何気ない毎日の中に小さな小さなちょっとした楽しいことやいいことがあるだけで幸せなんです。きれいな石を拾ったこと，おかあさんととんぼをつかまえたこと，など…。平凡な毎日の中のちょっとした幸せ。それは大人も同じなのかもしれませんね。

※参考に 18～20，67，68 ページ

● 子育てひとくちアドバイス

「ぼくをもっと見て！」
―― 注意獲得行動 ――

お友だちをたたいたり，いじわるをしたり，わざとおもらしをしたり，急に乱暴な言葉や舌足らずな言葉を使ったり……。

―― そんなこどもの困った行動は，けっして「困らせてやろう」と考えてやっているわけではありません。「自分に注目してほしい」という気持ちから，一番手っとりばやい手段として，やってしまうことが多いのです。

♡自分を大切にできるこども♡

こどもは，お父さんやお母さんやまわりの大人から大切にされて初めて，「ぼくは他人から大切にされる価値があるのだ」と感じることができるようになるのだと思います。そして自分を大切にできるこどもが，本当に友だちやまわりの人を大切にできる人間に育っていくのだと思います。さてさて，あなたは自分を大切にしていますか？

長いような，短いような…

「おかあさん，子育てって，大変だね。産んでみて初めてわかったよ。私を育てるのも大変だったんじゃない？ 育ててくれてありがとう。産んでくれてありがとう。おかあさんの子で本当によかった。」
私は母が生きていたら，今，一番そう言いたいです。目の前にいる赤ちゃんが大きくなったら，そう私に言ってくれるといいですね。何十年か後に，そのひとことを聞くために子育てしているのかもしれません。

※参考に 67, 68 ページ

● 虐待

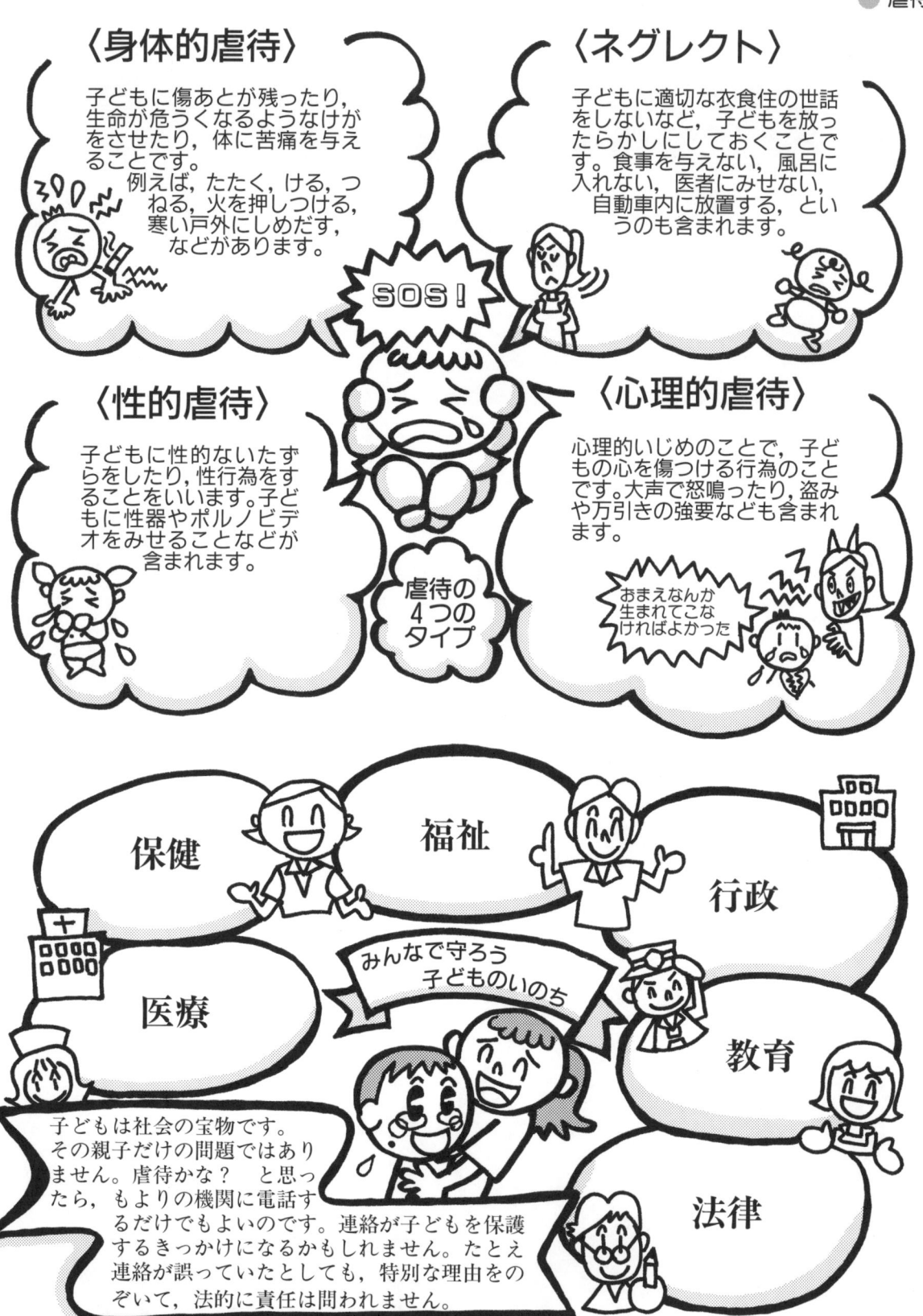

〈身体的虐待〉
子どもに傷あとが残ったり,生命が危うくなるようなけがをさせたり,体に苦痛を与えることです。
例えば,たたく,ける,つねる,火を押しつける,寒い戸外にしめだす,などがあります。

〈ネグレクト〉
子どもに適切な衣食住の世話をしないなど,子どもを放ったらかしにしておくことです。食事を与えない,風呂に入れない,医者にみせない,自動車内に放置する,というのも含まれます。

SOS！

〈性的虐待〉
子どもに性的ないたずらをしたり,性行為をすることをいいます。子どもに性器やポルノビデオをみせることなどが含まれます。

〈心理的虐待〉
心理的いじめのことで,子どもの心を傷つける行為のことです。大声で怒鳴ったり,盗みや万引きの強要なども含まれます。

おまえなんか生まれてこなければよかった

虐待の4つのタイプ

保健　福祉　行政

医療

みんなで守ろう子どものいのち

教育

法律

子どもは社会の宝物です。その親子だけの問題ではありません。虐待かな？　と思ったら,もよりの機関に電話するだけでもよいのです。連絡が子どもを保護するきっかけになるかもしれません。たとえ連絡が誤っていたとしても,特別な理由をのぞいて,法的に責任は問われません。

※参考に6,7ページ

● 虐待

虐待？ ひとりで悩まないで！

最後に連絡先等をつけ加えてご使用ください

子どもを傷つけてしまった――と，あなたの心も傷ついているはずです。これ以上，子どもも自分も傷つけてはいけないのです。毎日子どものわがままにつきあい，人の世話にあけくれて，自分の時間を犠牲にしている自分。認めてくれる人もいない。イライラすることがあるのは当たり前なのです。そして何かのきっかけで心の止め金がはずれてしまった時，子どもに対してブチキレてしまっている。あなたは自分に対して悲しくなるでしょう。小さいころの母親との思い出を思い出してみてください。私らしく生きていきたい，やさしいお母さんになりたい，そんな気持ちが少しでもあるならば，大丈夫，遅くはありません。小さなグチでも良いのです。気持ちをはき出して話してみることが第一歩です。あなたを必ず応援します。

やっぱりおかあさんが一番好き…

虐待をしてしまった
あなたは，子どもと同じように傷つき，子どもと同じように号泣しているのかもしれません。自分を責める気持ちで泣きたい時，お電話ください。あなたひとりではないのです。

● 虐待

養育の
怠慢・拒否
(ネグレクト)
も虐待の
1つです

● パパの育児参加

パパの育児手帳

子育てQ&A

子育てガイドブック

育児手帳

↑
好きな言葉を入れて使ってください。

※参考に 8，13，60，65ページ

● パパの育児参加

※参考に 8, 13, 52, 60 ページ

● パパの育児参加

※参考に 8，13，52，60ページ

● 食事・食育

いただきまーす

おうちでも ごはんの用意、おてつだい

朝(あさ)ごはんを しっかりたべて レッツゴー！

カルシウムをとって じょうぶな骨(ほね)をつくろう！

牛乳(ぎゅうにゅう)

のこさず たべました！

バランスよく たべよう

よーく かんで たべよう

あまーいものに ご用心(ようじん)

ひまん
むしば

※参考に 31, 32, 34, 35, 41, 54, 55, 66, 69, 86, 87 ページ

21

● 食事・食育

離乳食教室

最初は食べるよりもいたずら気分でいっぱいナノダ

ぐちゃぐちゃっ

食べたくない気分！

嫌がったら無理強いしないでゆったりかまえよう。

わくわく 離乳食

赤ちゃんの成長につれ，おっぱいやミルクだけでは栄養が足りなくなってきます。
また，飲むことからかむことを覚えていかなくてはなりません。赤ちゃんは離乳食を食べて，いろいろな食品に慣れ，経験していき，人生の基本をつくっていきます。ただし，そのすすみ具合は十人十色。周りと比べないで，その子の個性を大事にして，楽しくすすめていきましょう。

すりすりつぶしてへへイヘーイ♪

シュッ

おろしまーす

ママの手づくりは1番おいしいなあ

レンジやベビーフードもたまには賢く活用

※参考に 31, 32, 54, 55, 66, 87 ページ

● あいさつ

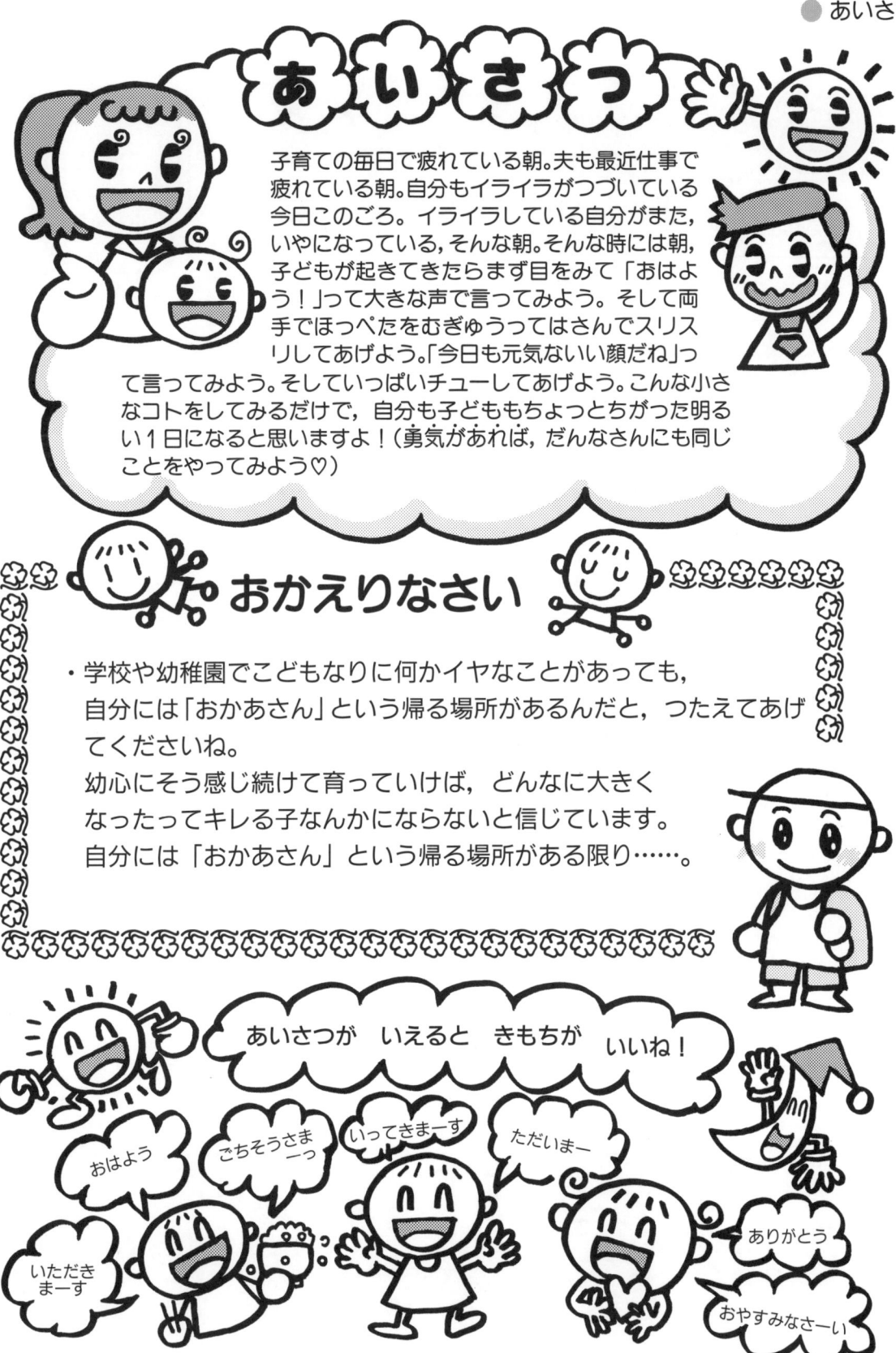

あいさつ

子育ての毎日で疲れている朝。夫も最近仕事で疲れている朝。自分もイライラがつづいている今日このごろ。イライラしている自分がまた,いやになっている,そんな朝。そんな時には朝,子どもが起きてきたらまず目をみて「おはよう！」って大きな声で言ってみよう。そして両手でほっぺたをむぎゅうってはさんでスリスリしてあげよう。「今日も元気ないい顔だね」って言ってみよう。そしていっぱいチューしてあげよう。こんな小さなコトをしてみるだけで,自分も子どももちょっとちがった明るい1日になると思いますよ！（勇気があれば,だんなさんにも同じことをやってみよう♡）

おかえりなさい

・学校や幼稚園でこどもなりに何かイヤなことがあっても,自分には「おかあさん」という帰る場所があるんだと,つたえてあげてくださいね。
幼心にそう感じ続けて育っていけば,どんなに大きくなったってキレる子なんかにならないと信じています。
自分には「おかあさん」という帰る場所がある限り……。

あいさつが いえると きもちが いいね！

おはよう
ごちそうさまーっ
いってきまーす
ただいまー
いただきまーす
ありがとう
おやすみなさーい

23

● 生活習慣

生活リズムはしっかりと。

もちものにはどんなに小さなものにもなまえをつけてください。

できることはじぶんでやろう。

長時間炎天下で遊んでいると,体内の塩分や水分が不足して,体温調節がうまくいかなくなり,脱水症状を起こすなどして,日射病や熱射病(熱中症)になります。

★予防
①ぼうしをかぶろう。
②時々日陰などで休憩しよう。
③まめに水分を補給しよう。
④日差しの強い時間の外出はひかえめにしよう。

TVやゲームは時間をきめて!

☆お手伝いをしよう!
・おうちのひとは,こどもががんばってお手伝いをしたら,たくさんほめてあげてね!

かえってきたら手あらい,うがい!

つめのなかにはばいきんがいたり,のばしておくとひっかかってつめがわれたり,おともだちにケガをさせたりしてしまうよ。

※参考に42,43ページ

● 排泄・おむつはずれ

パンパカパーン

うんとほめてあげよう

おしっこできたよ

パチパチ

トイレ

おそうじも大変ね……

おむつはずれは試行錯誤の繰り返し。ママも頑張りすぎないで、うまくいったらたくさんほめて、あせらずのんびり乗りきりましょう。

※参考に 27, 31, 88 ページ

● 療育・障害児保育

ぼくも手話ができるよ

聞(き)こえの教室

ことばの教室

巡回療育

※参考に84ページ

● 育児用品

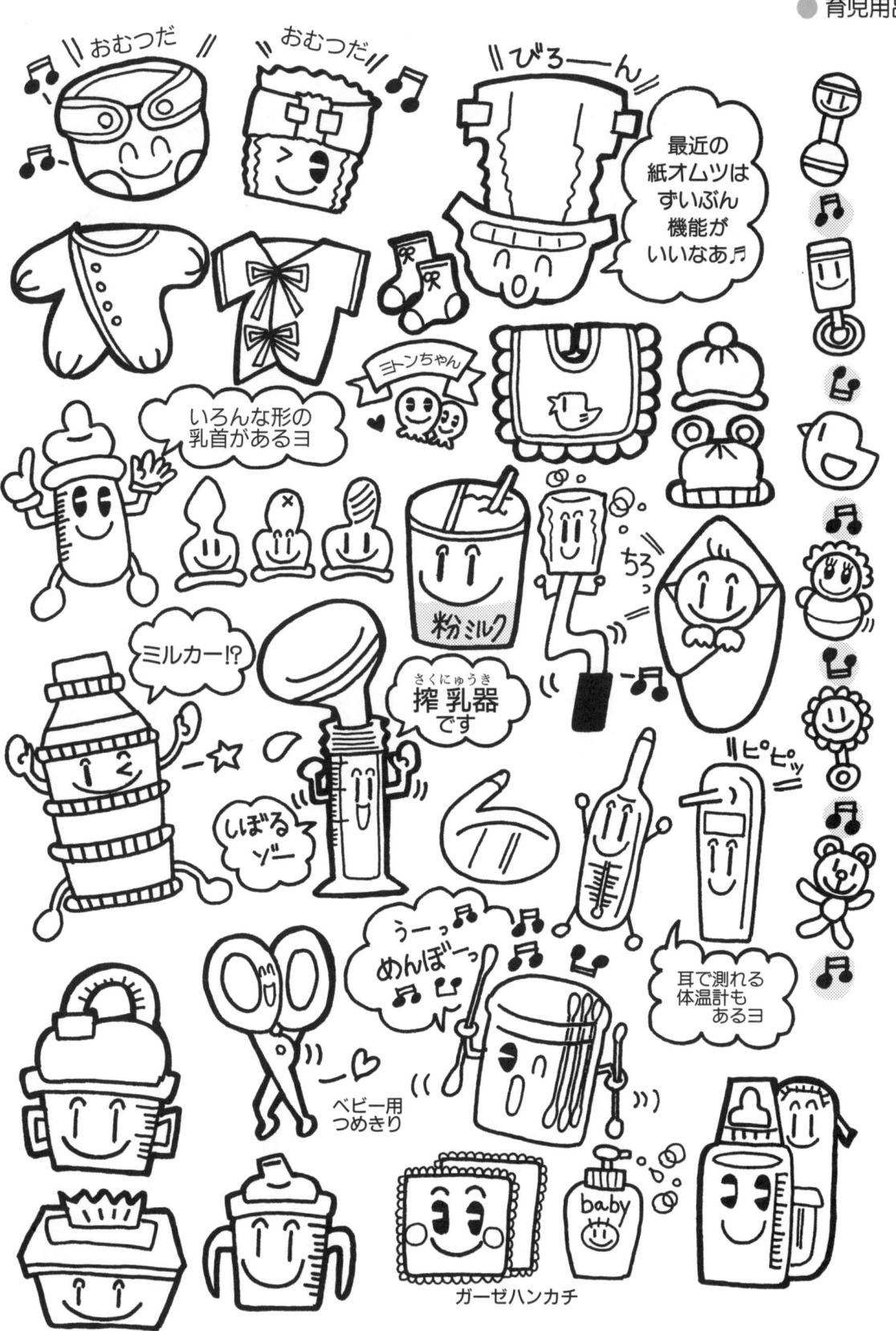

「おむつだ」 「おむつだ」 「びろーーん」

最近の紙オムツはずいぶん機能がいいなあ♪

いろんな形の乳首があるヨ

ヨーンちゃん

ミルカー!?

搾乳器(さくにゅうき)です

しぼるゾー

ピピッ

耳で測れる体温計もあるヨ

うーっ めんぼーっ

ベビー用つめきり

ガーゼハンカチ

baby

※参考に 25, 28, 29, 33 ページ

2 医療・保健

● 健診・身体測定

身体測定

おむつ1まいに なってね

パンツ1まいに なってね

はだかで 測ります

小児科医に 相談できます

くすり

なまえ ＿＿＿＿＿＿＿＿
しんちょう　　　　cm
たいじゅう　　　　kg
　年　月　日
おおきくなったね

※参考に 32, 39, 66, 81〜88 ページ

● 熱・せき

熱がでたら…
わきの下で正確な体温を。
・安静
・水分補給
・熱以外の症状に注意！

ちっちゃい赤ちゃんはママの冷んやり手まくらもOK！

・寒がる時は足元が温まるようなものを入れたりして保温。
・あつがる時は水まくらなどで冷やす。

熱さましは……
・5～6時間あけて。
・1日3～4回が限度。

こまめに水分補給

せきが出たときのポイント

せきが続くときは軽くても受診

・背中を軽くトントン。
・部屋が乾燥しないように注意。
・様子をみて水分補給。(たんが出やすくなるヨ)

どんなせき？

ヒューヒュー
コンコン
ゼロゼロ

たばこのけむりは苦しいヨー

※参考に 27, 32, 33, 37 ページ

● 鼻水・鼻詰まり・吐いたとき

鼻水鼻詰まりのとき

- 詰まった鼻くそは綿棒で。
- 鼻水吸い取り器でもとれるよ。ただし鼻の粘膜を傷つけないように。
- 鼻水をふきとる時は,しめらせたガーゼでそっとね。
- 部屋の加湿。
- ママが鼻水を直接吸ってあげてもOK。
- お湯をしぼったタオルで鼻の上をあたためると少し軽くなります。

吐いたとき

- おちついたら水分補給を。（脱水に注意）
- 発熱・下痢・ぐったりしているなど,他の症状があるときは急いで受診！

赤ちゃんは飲みすぎて吐くこともあります

ゲップ

吐いたときは吐いたものが気管に詰まらないようにすぐに顔を横向きにして寝かせよう

※参考に 37 ページ

● 下痢・便秘

下痢をしたときは，急速に水分が失われます。水分補給を。

他の症状にも注意！とくに嘔吐も伴うときにはすぐに病院へ！

おむつはすぐにとりかえよう。

下痢をしたときは，お尻がただれやすくなります。ぬるま湯で洗ったり，お湯を絞ったタオルでふいてこまめにケア。お尻ふきも便利だけれど肌が荒れることがあります。

赤ちゃんの便秘アドバイス

うつぶせ遊びで運動を。

オイルをつけた綿棒で肛門刺激。

おなかを手のひらで「の」の字を書くようにマッサージ。

柑橘系（かんきつ）の果汁・果物・煮野菜。

ブリブリブリ〜
BURI BURI BURI

幼児の便秘解消法

① 決まった時間に排便習慣。朝食の後などにトイレに行かせてみよう。

② 適度な運動。

③ 繊維質の多い食事。

繊維質の多い食物

だいず、わかめ、ごぼう、にんじん、ひじき、もやし、のり、えのき、さつまいも、しいたけ、オレンジ、しめじ

※参考に 21, 22, 25 ページ

● 風邪・インフルエンザ

風邪予防（かぜよぼう）

▶ 帰ってきたら，手あらい，うがいをしよう。
▶ 栄養・休息・睡眠をたっぷりとろう。
▶ 汗をかいたら着がえよう。
▶ 時々部屋の空気を入れかえよう。

インフルエンザ

インフルエンザはその年により，流行するタイプが異なります。症状は突然の高熱・頭痛・倦怠感・筋肉痛・関節痛・のどの痛み・食欲不振などです。くしゃみ，鼻水，おう吐，下痢，腹痛などもあります。重い合併症もあるので注意が必要です。

インフルエンザの予防には予防接種もあります。10月くらいから12月くらいの流行前に，1回もしくは3〜4週間の間隔をおいて2回接種します。医師とよく相談しましょう。

かぜがはやっています

パクパクレンジャー出動！

「かぜ軍団をやっつけろ」の巻

なんだこりゃ〜。まけそう〜。

「質のよいたんぱく質」チームもたたかうぞ。

ビタミンAチームは鼻やのどの粘膜をまもるぞ！

ビタミンCチームは体の抵抗力をつけるぞ！

バランスよく食べて，チームワークアップ！

※参考に 21, 22, 28, 29, 31, 33, 37, 46, 54 ページ

● 予防接種

予防接種

BCG！

体温を測ってネ♡

カレンダー
日月火水木金土

接種間隔(せっしゅかんかく)に注意！

ポリオは，のむ予防接種です

破傷風(はしょうふう)　百日ぜき　ジフテリア

三種混合

水ぼうそう（水痘(すいとう)）

- 潜伏期間は2〜3週間。
- 主な症状は，微熱とともに全身に発疹。かゆみもあります。発疹は2〜3日でピークとなり，その後黒いかさぶたになります。

★はしか（麻疹(ましん)）★
——伝染力が強いです！——
はじめの2〜3日はかぜのような症状ですが，いったん熱が下がり再度高熱がでると全身に発疹がでます。ほおの内側に白い斑点ができます。そして，さらに高熱が4〜5日続きます。

☆おたふくかぜ☆
（流行性耳下腺炎）
耳の下がはれて痛がります。左右がはれたり，片側だけのこともあります。3〜4日でおちつきます。

※参考に27，29，32ページ

33

● 歯科保健

キュッキュッ

よくかむと
いいことが
いっぱい

歯並びや口元を
整えるよ

消化吸収が
よくなるよ

脳を活性化！

過食を防止！

むしばに
なりやすい
ところ

歯と歯が
となり
あっている
ところ

歯の生えぎわ

歯と歯がかみあう溝

歯科検診,
フッ素塗布を
します。
みんな
来てネ！

いててて....

※参考に 21, 35, 41, 46, 86 ページ

34

● 歯科検診結果カード

歯科検診結果

年　月　日

なまえ _____

上
右　　左
下

とてもきれいな
歯でした！

左の場所に___本
むしばがありました

は
歯のようす

なまえ _____

治療ずみ
の歯 ___本

むしば
___本

注意が
必要な歯 ___本

上
右　　左
下

年　月　日

※参考に 21, 34, 41, 46, 86 ページ

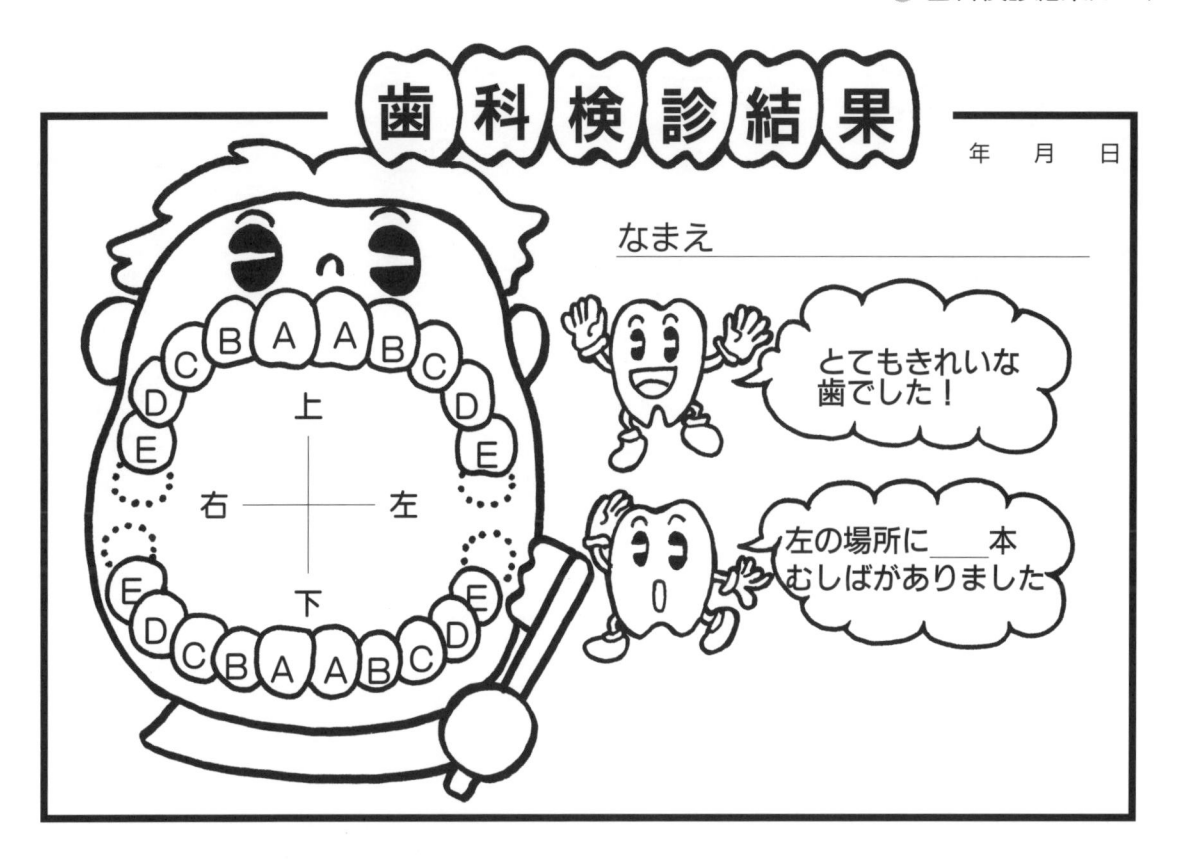

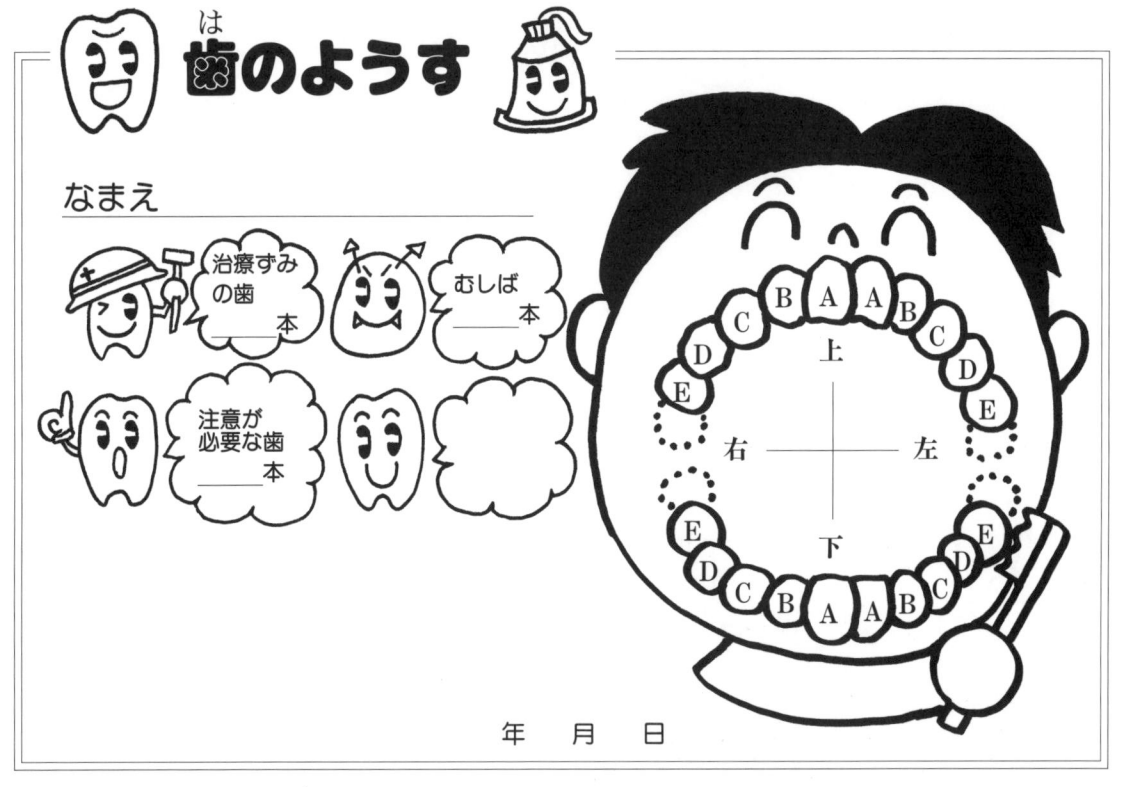

3 季節のカット・ひとくちコラム

● 1月

かるた大会

七草粥

1月7日は、中国で五節句のひとつでした。それが平安時代に日本に伝わりました。江戸時代に入り、セリ・ナズナ・ゴギョウ・ハコベラ・ホトケノザ・スズナ・スズシロの七草を食べるようになったそうです。

一富士、二鷹(たか)、三なすび

※参考に90ページ

● 2 月

インフルエンザ

インフルエンザウイルスの感染によっておこり，毎年流行する型が違います。38～40度の高熱・鼻水・せき・のどの痛み・筋肉痛などの症状があります。重い合併症もあり，全身の状態が急に悪くなりやすいので注意が必要です。

かぜに負けないゾ！

・うがい，手洗いをしよう。
・バランスのとれた食事をとろう。
・十分睡眠，休息をとろう。
・部屋の湿度を保とう。
・換気をしよう。

※参考に 29, 30, 32, 46 ページ

3 月

ひなまつりは女の子の成長を祝うお祭りです。昔，紙で人の形を作って，「病気や悪いことを持っていってね」と川に流しました。それがだんだんきれいな人形になっていき，こんなふうに素敵なお姫様になれたらいいな，素敵な人と結婚できたらいいな，という願いをこめて部屋に飾るようになりました。

★春分の日
この日は昼と夜の長さが同じになり，太陽は真東から昇り，真西に沈みます。仏教では春分の日を彼岸の中日といって，先祖の霊に感謝します。

3月3日ー耳の日ー
・耳は音を聞いたり，音の方向や遠近を聞き分ける役割を持っています。また，体のバランスを保ちます。
・耳を大切にしようね。

おもいでいっぱい！

4 月

園医です。

PIYO

交通安全

みどりの日　花まつり

※参考に 28, 44, 58, 83 ページ

● 5 月

夏も近づく八十八夜

※参考に 57 ページ

6 月

歯の役割

★歯は食べ物をかみくだいて体に栄養をとりこみ、体の健康を守る基本です。声をだしたり、人と話したり、食べ物を味わうことも助けています。歯を大切にして明るい笑顔でいられるようにしようね！

衣がえ

ありがとう

6月10日 時の記念日

食中毒に注意！

食中毒は6月〜9月にかけて多く発生します。細菌の活動しやすい温度や湿度の条件がそろうためです。

清潔　加熱　殺菌　迅速・冷却

※参考に 21, 34, 35, 46, 86, 89 ページ

7 月

もうすぐ夏休み

あつい日には
ぼうしをかぶろう

寝冷えに気をつけよう
・おなかを出して寝ない。
・寝る時には，おなかにバスタオルなどをかけて。
・戸外との気温差は5℃以内に。クーラーや扇風機のつけっぱなしに注意。

もちもの
きがえのパンツ　水着　水泳ぼうし
バスタオル　ビニール袋　ビニールバッグ
もちものには必ず名前を！

お泊り会

※参考に 24，43，50 ページ

● 8 月

8月7日 鼻(はな)の日(ひ)
▶鼻のかみかた
・片方ずつ静かにかもう。
・両方いっしょにかむと鼻を痛めるよ。

夏祭り

★暑い夏をのりきる！
赤ちゃんの暑い時間の外出は短時間に。アスファルトの照り返しはきつく，赤ちゃんにはかなりの負担です。袖のある服を着せたりして日焼けを防ごう。水分補給も忘れずに。

※参考に 24, 42, 50, 51, 53 ページ

43

● 9 月

十五夜

防災

▶救急箱の点検をしてみよう。
ばんそうこう・ガーゼ・包帯・
脱脂綿・綿棒・三角巾・はさみ・
体温計・ピンセット・毛抜き・
消毒薬・外傷用薬品など

交通安全

お彼岸

動物愛護

※参考に 39，57〜59 ページ

● 10 月

10月10日 目の愛護デー

子どもの視力は3歳で半分以上の子どもが1.0見えるようになるとも言われています。4歳くらいになると遠近の区別もしっかりついてきます。

読書

※参考に 52, 57, 59, 84 ページ

11 月

★風邪予防★
・十分な休息をとろう。
・手洗い,うがいをしよう。
・栄養のあるものをとって,たっぷり睡眠をとろう。

11月8日は いい歯の日

七五三

勤労感謝

※参考に 32, 34, 35, 37, 41, 86 ページ

● 12 月

ふゆやすみ！
はやね，はやおきをして食事をきちんととり，規則正しい生活をしよう。寒さに負けず外で元気に遊ぼうね。手洗い，うがいも忘れずにね。

大そうじ

もちつき

冬至　一年で一番夜が長く，昼が短い日です。

換気をしよう
へやを閉めきって長時間暖房をつけておくと，室内の空気が汚れたり乾燥して，めまい・顔のほてり・頭痛・イライラ等の症状がでることがあります。

※参考に 91 ページ

4 行事・イベント

● 絵本の世界へようこそ！

絵本の世界へ　ようこそ！

絵本はこころの宝物。
絵本を通してぜひ親子で心豊かな
ひとときを過ごしてみませんか？

日時

場所

内容

お問い合わせ

※参考に 49，88，93 ページ

● 読み聞かせ・絵本選びのコツ

絵本選びのコツ

- 親子でみて,興味関心のある本。
- 迷った時は,定番の本や版数を重ねている本もよい。
- 対象年齢より,やや低めの本は親しみやすい。

絵本は楽しいヨ！

ブックスタート

人形劇の始まり〜

紙しばい

※参考に 48, 88, 93 ページ

● エプロンシアター・パネルシアター・お店屋さんごっこ・水遊び

「エプロンシアターの始まり，始まり〜。」

「いらっしゃーい」

「おみせやさんごっこをしまーす」

↳かいものごっこのお金です。好きな数字を書き入れて使ってください。

「水あそびだよ，ワーイ」

※参考に42，43ページ

50

● お祭り

祭 囃

わっしょい
わっしょい

いらっしゃい

● 運動会

※参考に 19，20，45，55，60 ページ

● バザー・フリーマーケット

バザーのおしらせ

リサイクル

フリーマーケット

おいしいよ！

安いよ！

育児用品
たくさん
あります

※参考に43, 51ページ

● 料理教室

親子料理教室

親子ふれあい
クッキング
－お父さんもどうぞ！－

もちもの
・エプロン
・三角巾
・のみもの（必要な人）

料理教室

託児
あります

※参考に 21, 22, 32, 55 ページ

枠の中に問い合わせ先等を記入して
自由にお使いください。

● 親子ふれあい体操

離乳食教室

こどもおやつ教室

親子ふれあいリズム

いっちに いっちに

楽しく体操！

※参考に 21, 22, 52, 54, 60, 66 ページ

● お年寄り・在園児との交流

お年寄りとの交流

在園児との交流

※参考に 93 ページ

● 遠足・ふれあい動物園

バス遠足

親子遠足

動物とあそぼ！

あそびに
おいで！

ふれあいミニ動物園

※参考に 40, 44, 45, 59 ページ

● 施設見学

消防署見学

施設見学

警察署見学

交通安全!!

交通安全教室

救命救急講習

※参考に 39, 44 ページ

● 果物狩り・収穫祭

親子ふれあい果物狩り

収穫祭

はっぱの
オバケだ
ゾ～～

※参考に 44，45，57 ページ

● 幼児の遊び

砂場で泥だんご♡

じゃーんけんポン

※参考に 18〜20, 52, 55 ページ

5 見出し・題字・囲み枠

● サークル・教室の名前

わんぱくサロン

すくすくサポート

おひさま

PIYOPIYO ランド

すまいる Smile ひろば

たんぽぽ KID'S

子育て通信 のんびり ポケット

※参考に 89, 90, 92 ページ

● サークル・教室の名前

りとるらんど

ひよこくらぶ

わいわいひろば

ひまわり

おやじの会

OYAJI くらぶ（おやじ）

パパの背中はカッコイイ！

げんきっこくらぶ

※参考に 89，90，92ページ

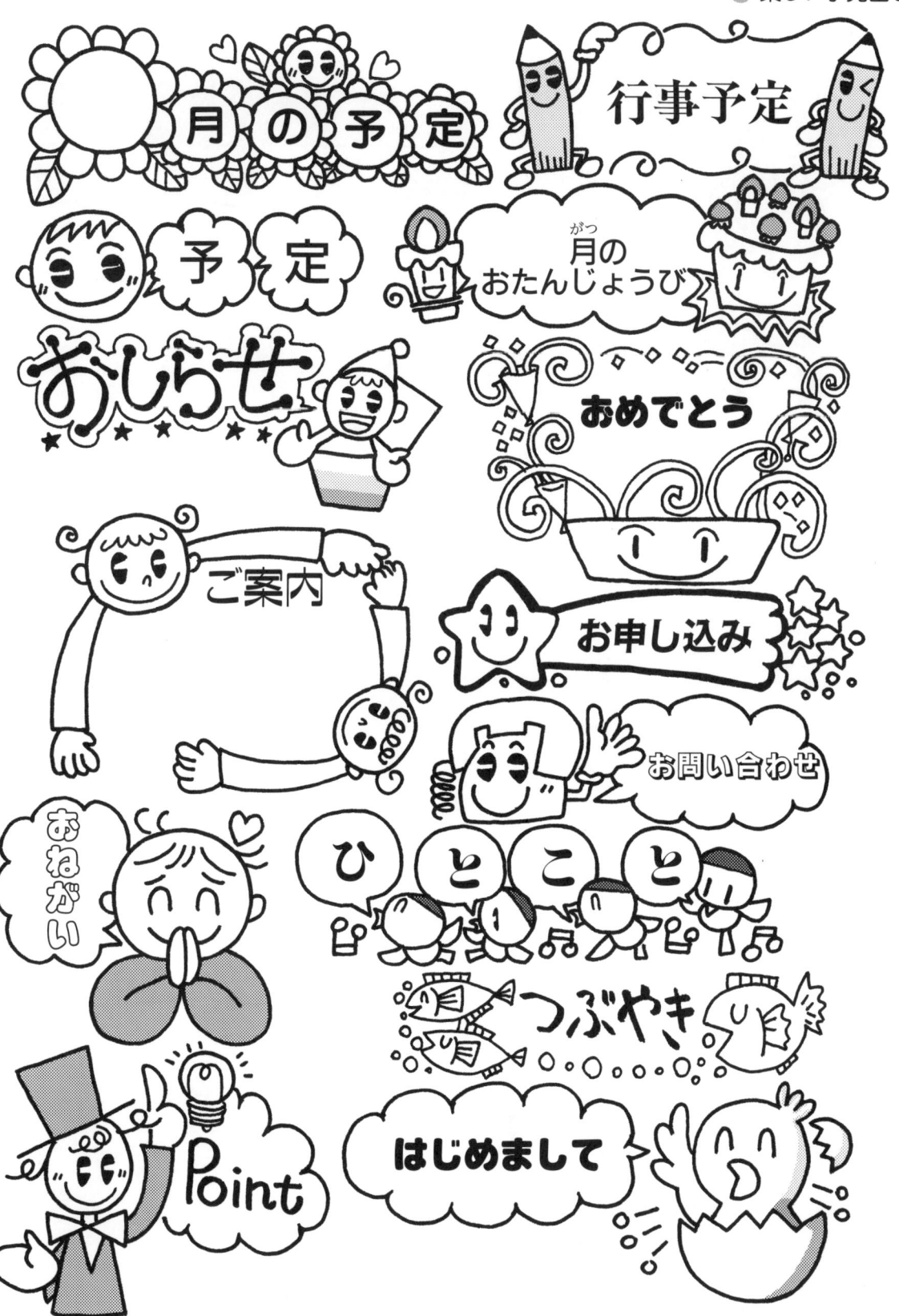

● 楽しい小見出し

- 月の予定
- 行事予定
- 予定
- 月のおたんじょうび
- おしらせ
- おめでとう
- ご案内
- お申し込み
- お問い合わせ
- おねがい
- ひとこと
- つぶやき
- Point
- はじめまして

※参考に 73, 89〜93 ページ

● 楽しい小見出し

↱名前を入れて使ってください。

＿＿＿＿＿＿ちゃんの
お父様，お母様へ

募集

たいへんよくできました
よくできました
がんばったネ！

MEMO

もく
目
ひょう
標

みんなのこえ

ゆずってください

いんたびゅ～

紹介します

あげます

※参考に 75，89～93 ページ

●楽しい小見出し

数字を入れて使ってください。

か月の赤ちゃんへ

Q&A

おばあちゃんの知恵袋

かわら版

Check!

気軽に相談してね

月報

会 報

ちゃれんじ

連絡先

コラム

※参考に 18, 67, 68, 89〜93 ページ

● 楽しい小見出し

情報交換　会費

園長より　井戸端会議　児童館より

よろしくね

アンケートにご協力ください　心のオアシス

センターからのおしらせ　ふるってご参加ください　離乳食教室

健診案内

※参考に 6，7，21，22，28，55，89〜93ページ

● そのままアイデアハガキ

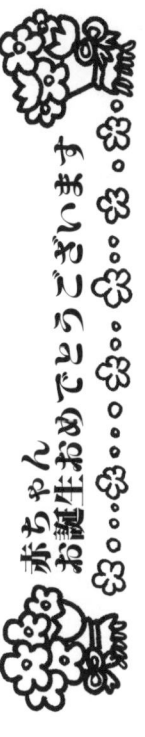

赤ちゃんお誕生おめでとうございます

赤ちゃんを生み育てていくお母さん。毎日が新しい経験への喜びと不安との連続かと思います。子どもって、ほんとうにかわいくて素敵な存在。だけど「大変」「困った」と思うこともあるでしょう。悩むこと、落ち込んだりすることもあるでしょう。そんな時にはいつでも相談してくださいね。

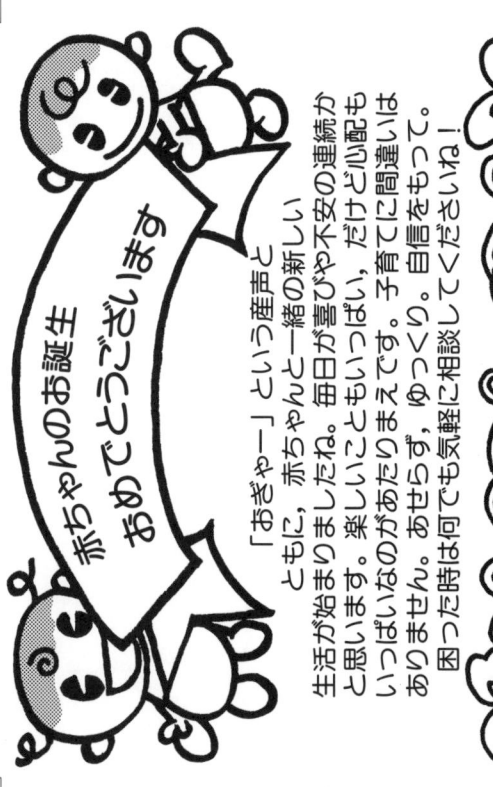

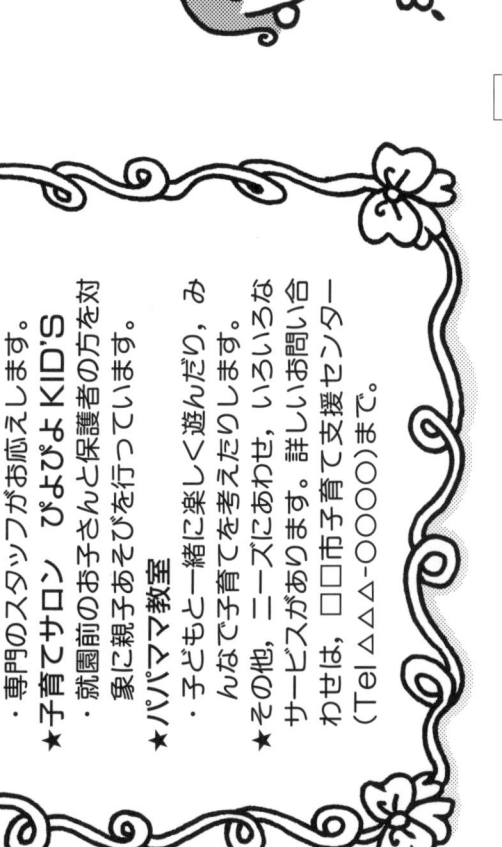

「私ひとりではないんだ…」

赤ちゃんのお誕生おめでとうございます

「おぎゃー」という産声とともに、赤ちゃんと一緒の新しい生活が始まりました。毎日が喜びと不安の連続かと思います。楽しいこともいっぱい、だけど子育てに間違いはないのがあたりまえです。子育てには自信をもって、あせらず、ゆっくり。困った時は何でも気軽に相談してくださいね！

★ 育児相談ダイヤル（〇〇〇-△△△△）
・専門のスタッフがお応えします。
★ 子育てサロン ぴよぴよ KID'S
・就園前のお子さんと保護者の方を対象に親子あそびを行っています。
★ パパママ教室
・子どもと一緒に楽しく遊んだり、みんなで子育てを考えたります。
★ その他、ニーズにあわせ、いろいろなサービスがあります。詳しいお問い合わせは、□□市子育て支援センター（Tel △△△-〇〇〇〇）まで。

それぞれハガキ大に設定してあります。

※参考に 13, 14, 65 ページ

● そのままアイデアハガキ

☆才のお誕生日おめでとうございます

子育ては喜びもいっぱいですが、大変さもいっぱいですよね。〇〇市では子育て支援の様々なサービスがあります。ぜひ活用して子育てライフをのりきりましょう！お友達もたくさんできますよ！

←数字を入れてご使用ください。

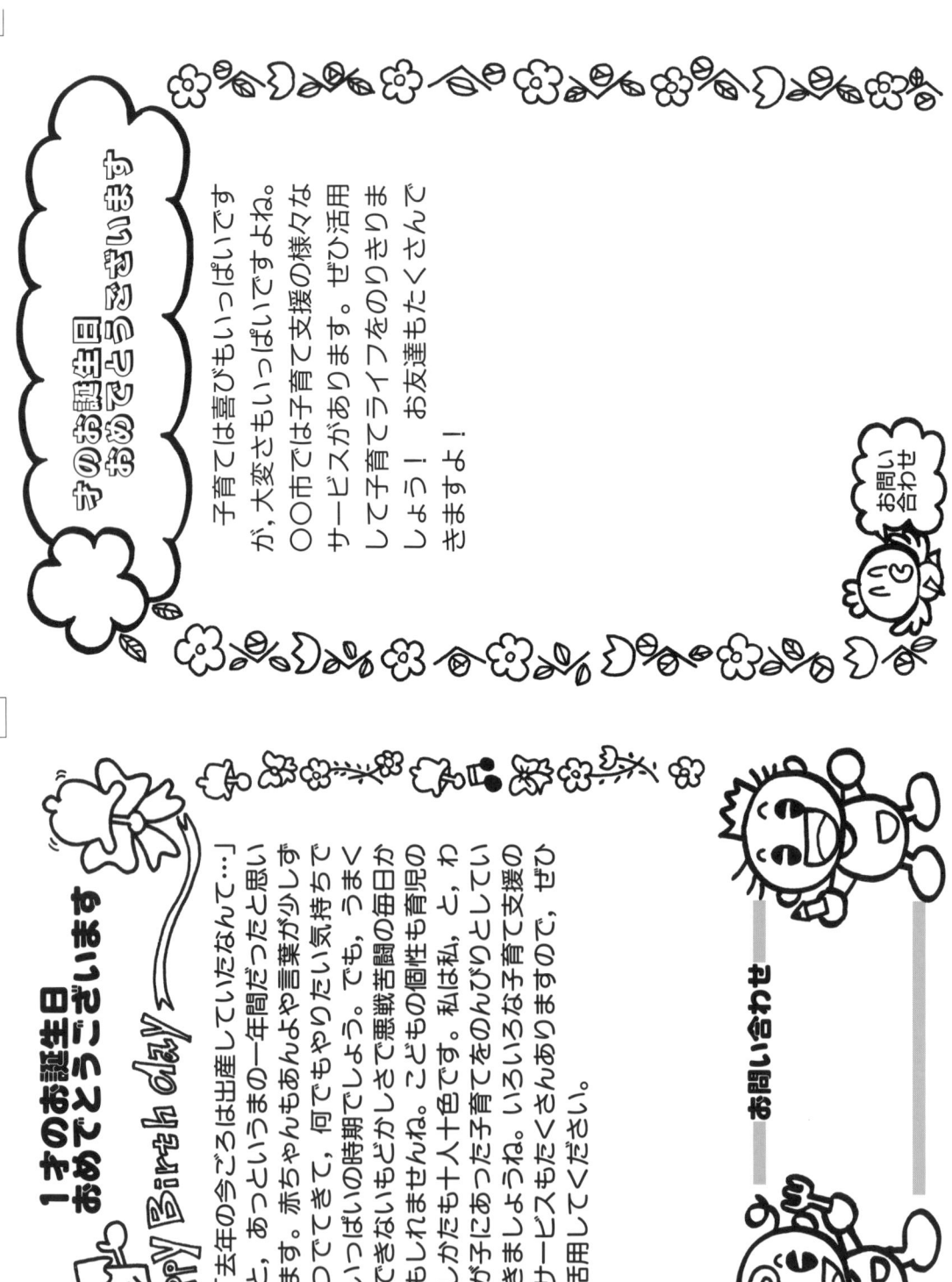

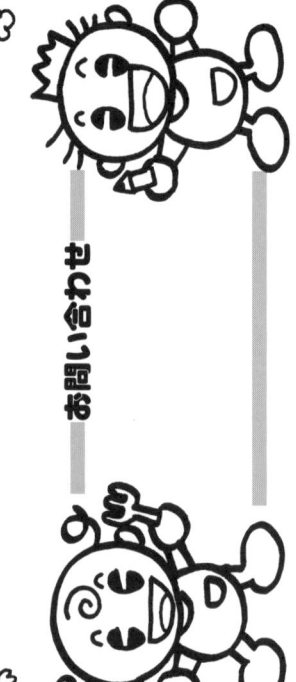

お問い合わせ

←空欄に、親子広場や育児相談サービスを紹介する等して使用してください。

1才のお誕生日おめでとうございます
Happy Birthday

「去年の今ごろは出産していたなんて…」と、あっという間の一年間だったと思います。赤ちゃんもあんよや言葉が少しずつ出てきて、何でもやりたい気持ちでいっぱいの時期でしょう。でも、うまくできないもどかしさで悪戦苦闘の毎日かもしれませんね。こどもの個性も育児のしかたも十人十色です。私は私、と、わが子にあった子育てをのんびりとしていきましょうね。いろいろな子育て支援のサービスもたくさんありますので、ぜひ活用してください。

お問い合わせ

※参考に 13，14，65 ページ

● カード・表彰状

おめでとう

たべました！

たくさんたべて
げんき,
もりもり！

※参考に 21 ページ

● カード・表彰状　　　　　　　　空欄に名前等を書いてご使用ください。

がんばりました！

● カード・表彰状

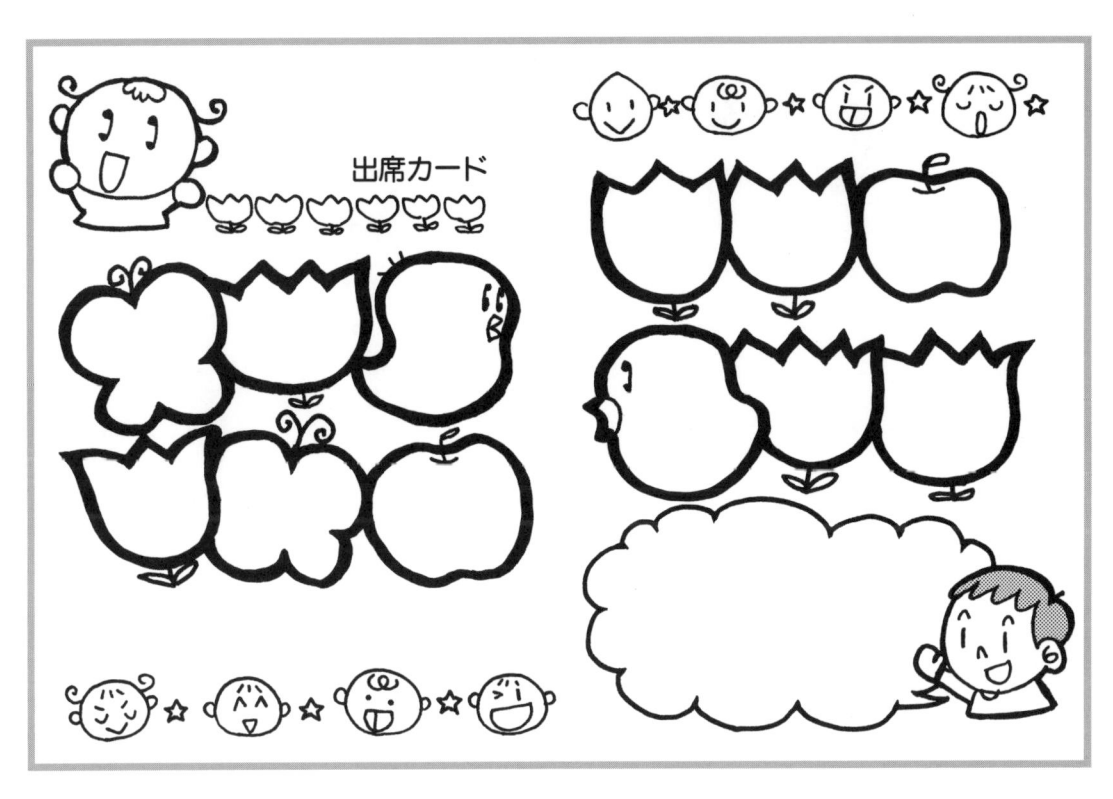

出席カード

いっしょにあそぼ！

なまえ★・★・★・★・★・★

　　上のカードの表紙として使えます。
　　ハガキ大の紙の表と裏にそれぞれコピーして2つ折にするとカードとして使えます。

● 領収袋

名前 _____

4月 5月 6月 7月 8月 9月 10月 11月 12月 1月 2月 3月

雑費領収袋

名前 _____

月	日	摘　要	金額	領収印

＊コピーして印にあわせて切ると、定形封筒にはることができます。空欄に必要事項を記入して使用してください。

● 予定表

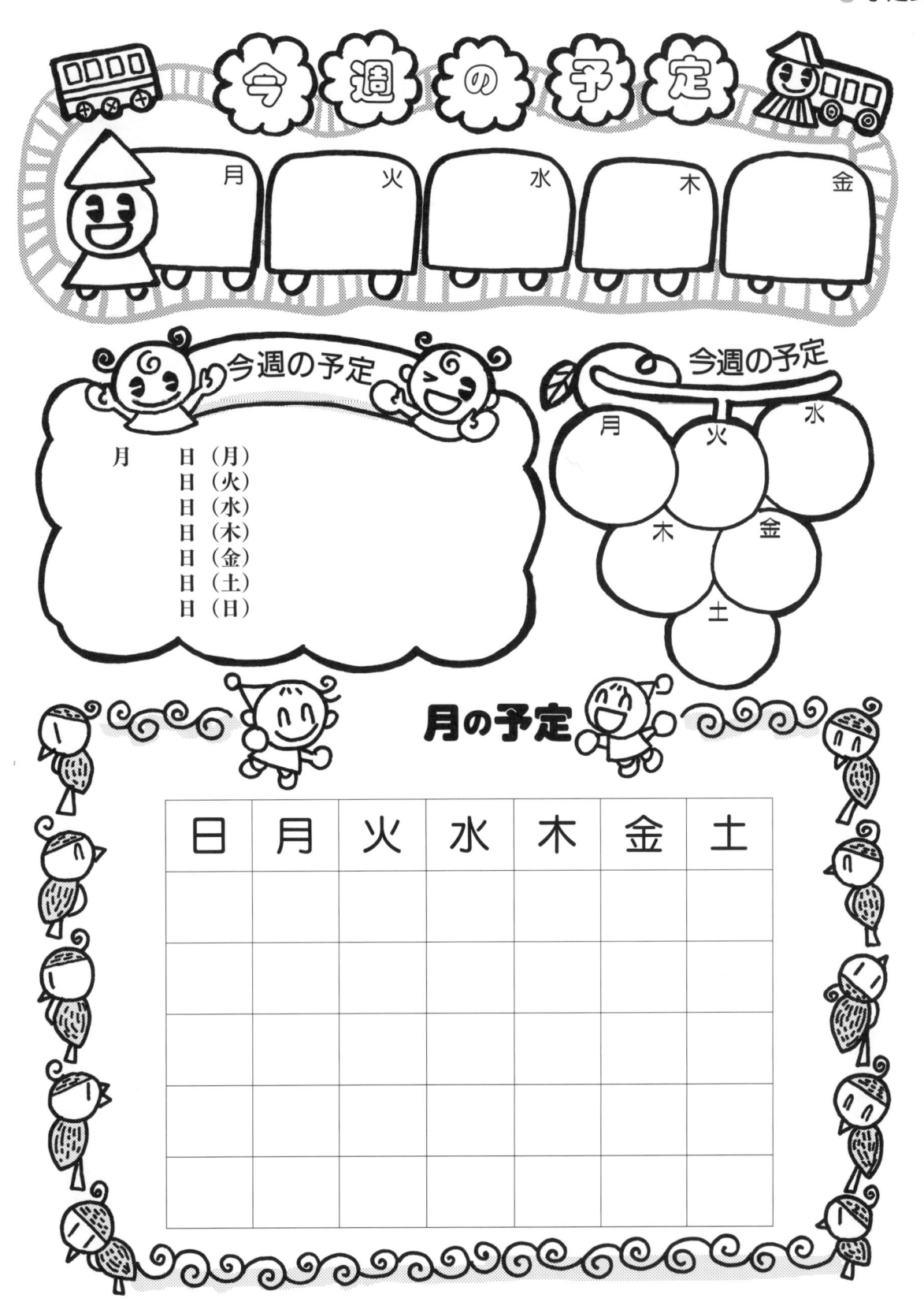

今週の予定

月　火　水　木　金

今週の予定

月　日　（月）
　　　日　（火）
　　　日　（水）
　　　日　（木）
　　　日　（金）
　　　日　（土）
　　　日　（日）

今週の予定

月　火　水　木　金　土

月の予定

日	月	火	水	木	金	土

※参考に 63，89，91 ページ

●囲み

＊66％に縮小するとハガキ大になります。

MEMO めも

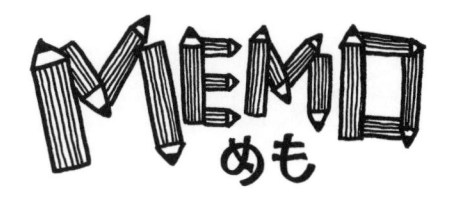

※参考に64ページ

● FAX 送信票

FAX 送信票

☆送信月日　　　年　　月　　日　　時　　分

☆宛　先　　　　　　　　　　　　　　　　　　　　様

☆発信者

☆件　名

☆通信欄

いつもお世話になっております。

上記の件につきまして，これを含めまして　　　枚（内訳，A4

枚，B5　　枚，その他　　枚）お送りいたしますので，よろし

くご査収くださいますようお願いいたします。

● ネームプレート・ミニ囲み枠

名前
出産予定日
年　月　日

★赤ちゃんの名前・年齢
　　　　才　　か月
★ママの名前

名前
住所
出産予定日
年　月　日

・赤ちゃんの名前
・赤ちゃんの生年月日　年　月　日
・ママの名前

なまえ
ねんれい
おとこ・おんな

● ネームプレート・ミニ囲み枠

＊各々ネームプレートとしても使えます。

● そのままマーク・メダル

＊セロハンテープの芯で型抜きすると，まるいカードになります。

79

● そのままマーク・メダル

＊セロハンテープの芯で型抜きすると，まるいカードになります。

❻ 表示案内

● 受付・母子手帳はこちら

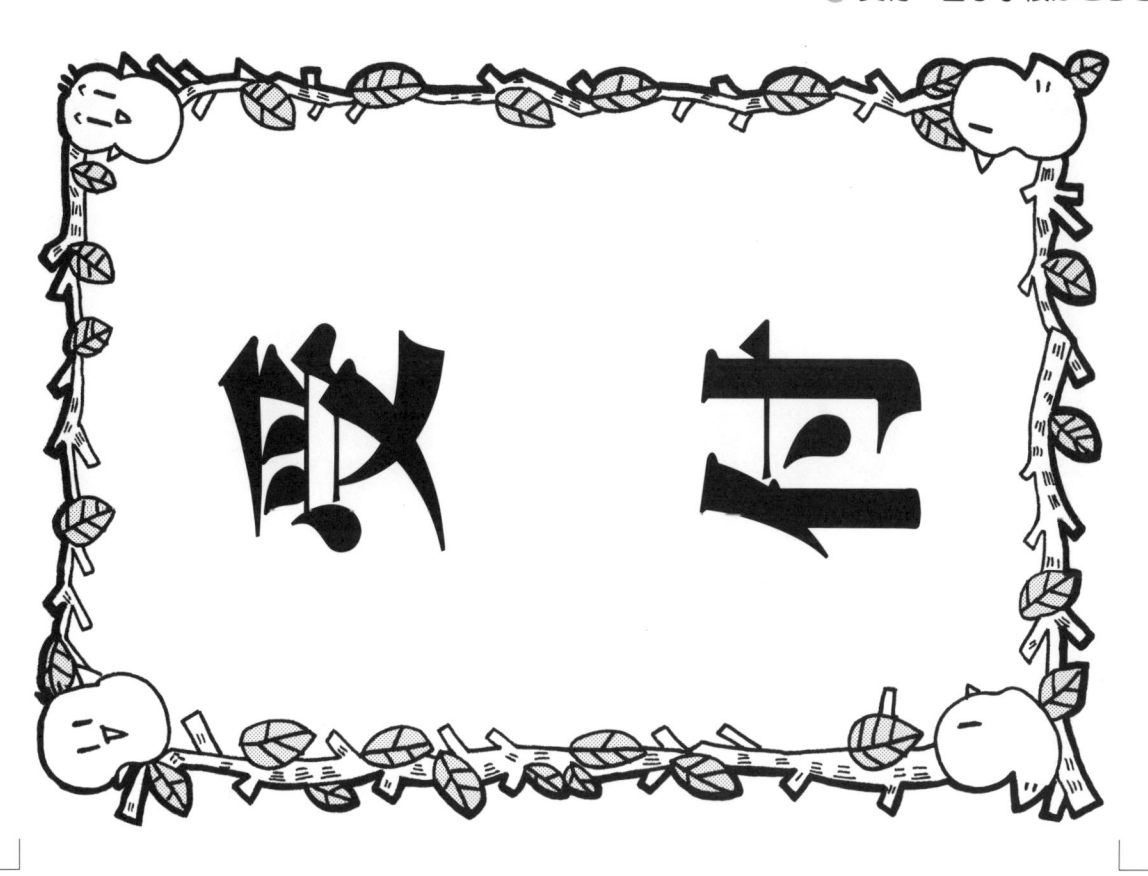

受　付

さまざまな掲示物を作ろう

※参考に28ページ

● 問診・診察

問診

診察

※参考に 28 ページ

● 計測・○○はこちら

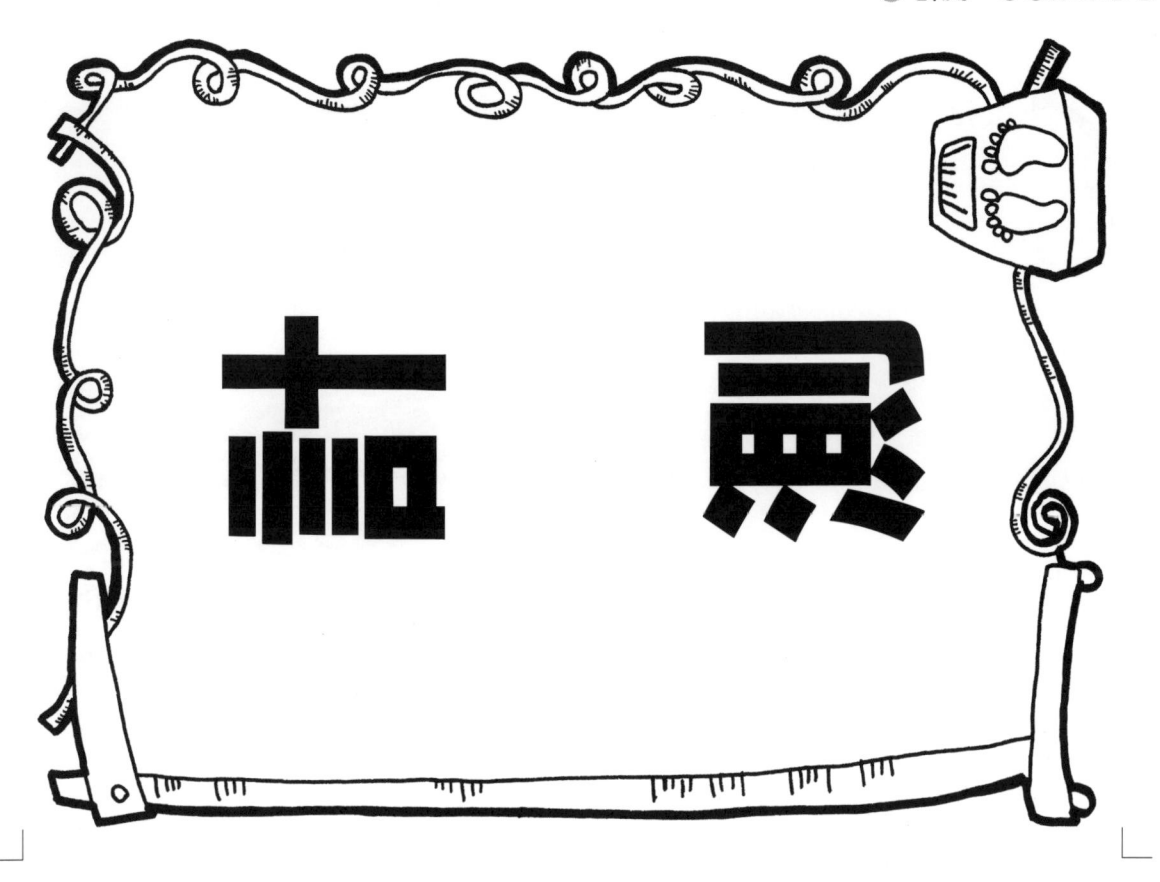

血圧

しんちょう

たいじゅう

※参考に 28, 39 ページ

● 視力・ことばの相談

視力

こどもの言葉＝生活

※参考に 26，28，45 ページ

●健康相談・保健指導

健康相談

保健指導

※参考に 28 ページ

● 歯科検診・歯科指導

歯科
検診

歯科
指導

※参考に 21，28，34，35，41，46 ページ

● 育児相談・栄養相談

育児相談

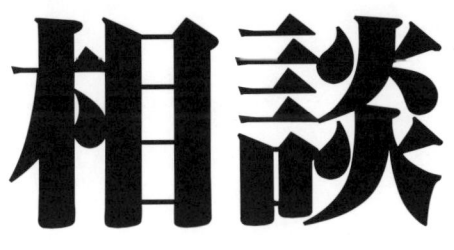

栄養相談

※参考に 6, 7, 18, 21, 22, 28 ページ

● 授乳・おむつコーナー・えほんコーナー

授乳・おむつコーナー

えほんコーナー

※参考に 25, 28, 48, 49 ページ

7 お便り・広報作成例

● 育児サークル通信作成例

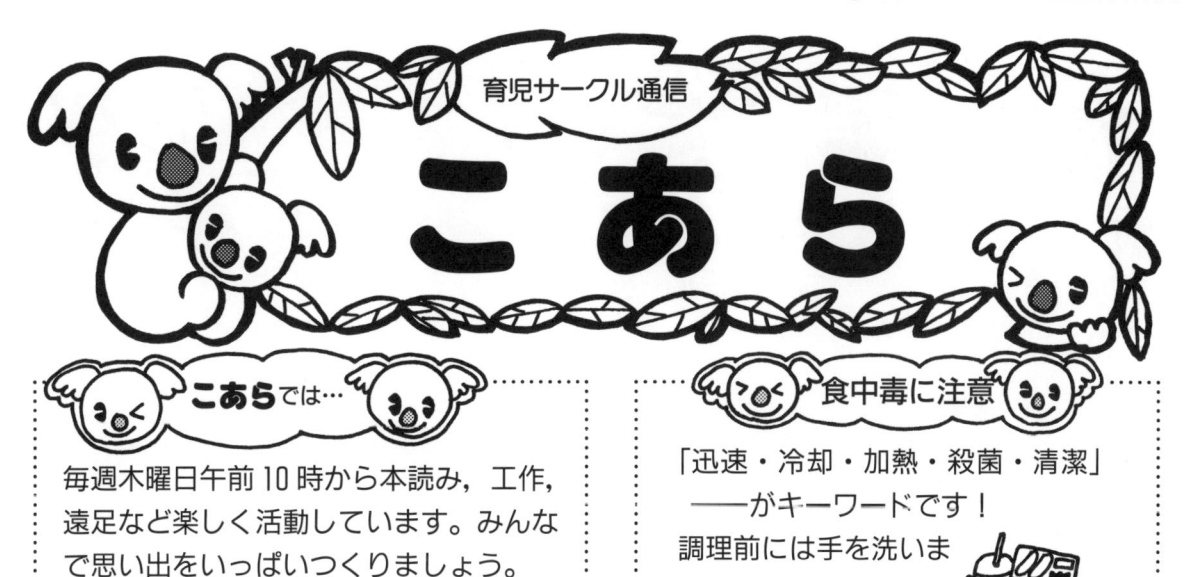

育児サークル通信
こあら

こあらでは…
毎週木曜日午前10時から本読み，工作，遠足など楽しく活動しています。みんなで思い出をいっぱいつくりましょう。ぜひ遊びに来てください。

食中毒に注意
「迅速・冷却・加熱・殺菌・清潔」
――がキーワードです！
調理前には手を洗いましょう！

親子ふれあいクッキング好評
〇月△日，栄養士の資格も持つ，武田大空(たけだ ひろたか)先生をお招きして親子で楽しく調理実習をしました。子どもにやさしい大空風オムレツやかぼちゃだんごが大好評でした！

今月の注目♡
★サークル員，平山史香(ふみか)ちゃんの絵です。家族の楽しそうな様子がとってもいきいきとかけてるね♡

←史香ちゃん
お父さん／お母さん／広大くん（弟）

★今月のパパ川柳★
朝早くパパを起こしにくる悠真くんと愛理ちゃんに対して，もう少し寝かせてほしいパパの気持ちを表現。

目覚ましが　鳴るまで寝かせて　子供達
鎹秀徳

今月の予定
△日　遠足
□日　いちご狩り
〇日　消防署見学

※参考に 41, 61〜66, 73 ページ

● 子育て支援センターだより作成例

子育て支援センターだより なかよし 2月

冬,本番ですね。北風もふいて寒い季節ですが,さすが「風の子」,子どもたちは元気いっぱいです。センターでは,みんなで子育てを考えたり,おしゃべりしあって,お母さんと子どもが共に育つことを応援しています。リフレッシュして元気に子育てをしていきましょう。いつでも相談にのりますよ!

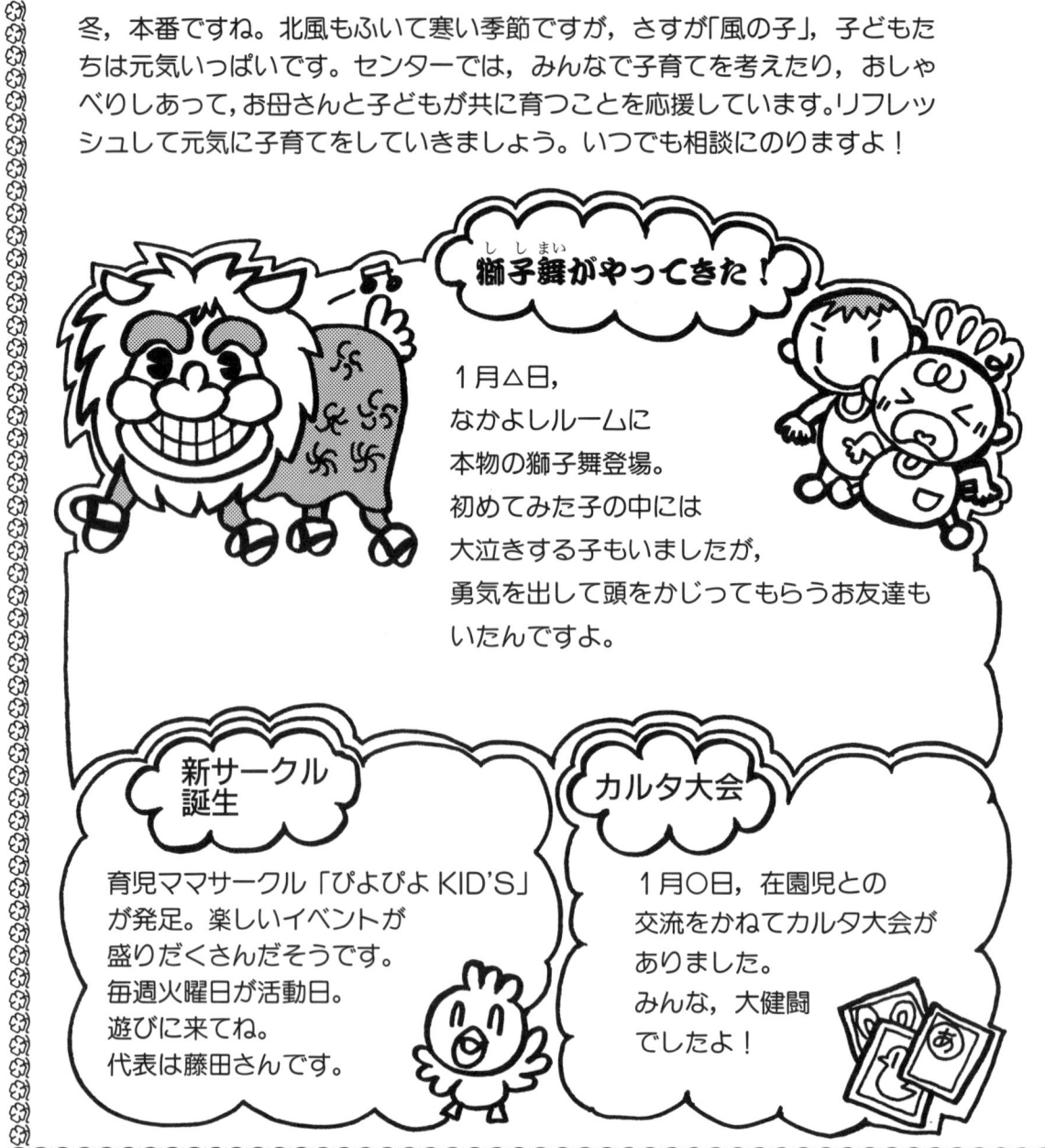

獅子舞（ししまい）がやってきた!

1月△日,なかよしルームに本物の獅子舞登場。初めてみた子の中には大泣きする子もいましたが,勇気を出して頭をかじってもらうお友達もいたんですよ。

新サークル誕生

育児ママサークル「ぴよぴよKID'S」が発足。楽しいイベントが盛りだくさんだそうです。毎週火曜日が活動日。遊びに来てね。代表は藤田さんです。

カルタ大会

1月〇日,在園児との交流をかねてカルタ大会がありました。みんな,大健闘でしたよ!

※参考に 36, 61～66 ページ

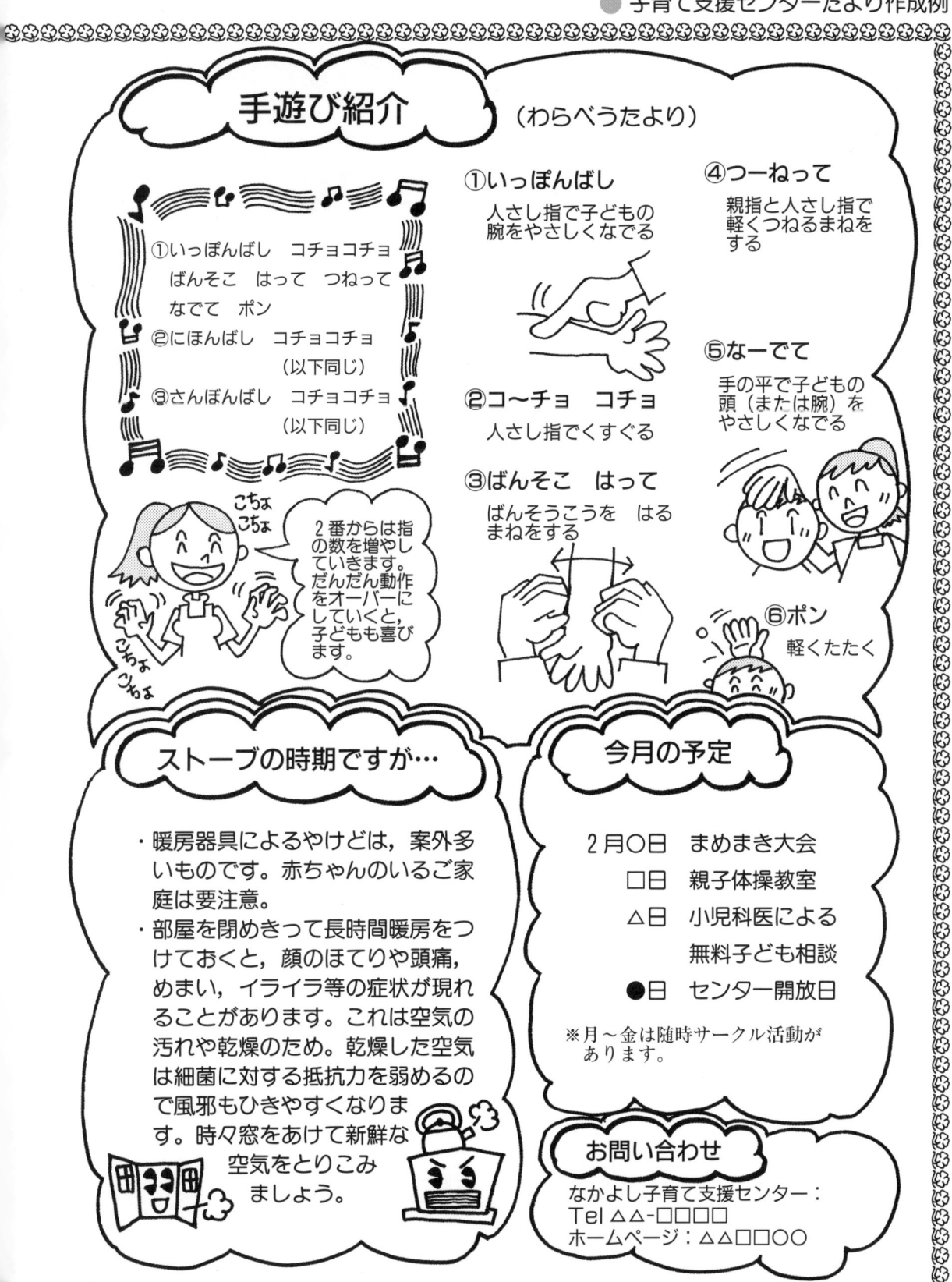

● 子育て支援センターだより作成例

手遊び紹介　（わらべうたより）

①いっぽんばし　コチョコチョ
　ばんそこ　はって　つねって
　なでて　ポン
②にほんばし　コチョコチョ
　（以下同じ）
③さんぼんばし　コチョコチョ
　（以下同じ）

2番からは指の数を増やしていきます。だんだん動作をオーバーにしていくと，子どもも喜びます。

①いっぽんばし
人さし指で子どもの腕をやさしくなでる

②コ〜チョ　コチョ
人さし指でくすぐる

③ばんそこ　はって
ばんそうこうを　はるまねをする

④つーねって
親指と人さし指で軽くつねるまねをする

⑤なーでて
手の平で子どもの頭（または腕）をやさしくなでる

⑥ポン
軽くたたく

ストーブの時期ですが…

・暖房器具によるやけどは，案外多いものです。赤ちゃんのいるご家庭は要注意。
・部屋を閉めきって長時間暖房をつけておくと，顔のほてりや頭痛，めまい，イライラ等の症状が現れることがあります。これは空気の汚れや乾燥のため。乾燥した空気は細菌に対する抵抗力を弱めるので風邪もひきやすくなります。時々窓をあけて新鮮な空気をとりこみましょう。

今月の予定

2月○日　まめまき大会
　□日　親子体操教室
　△日　小児科医による
　　　　無料子ども相談
　●日　センター開放日

※月〜金は随時サークル活動があります。

お問い合わせ

なかよし子育て支援センター：
Tel △△-□□□□
ホームページ：△△□□○○

※参考に 47，63〜66，73 ページ

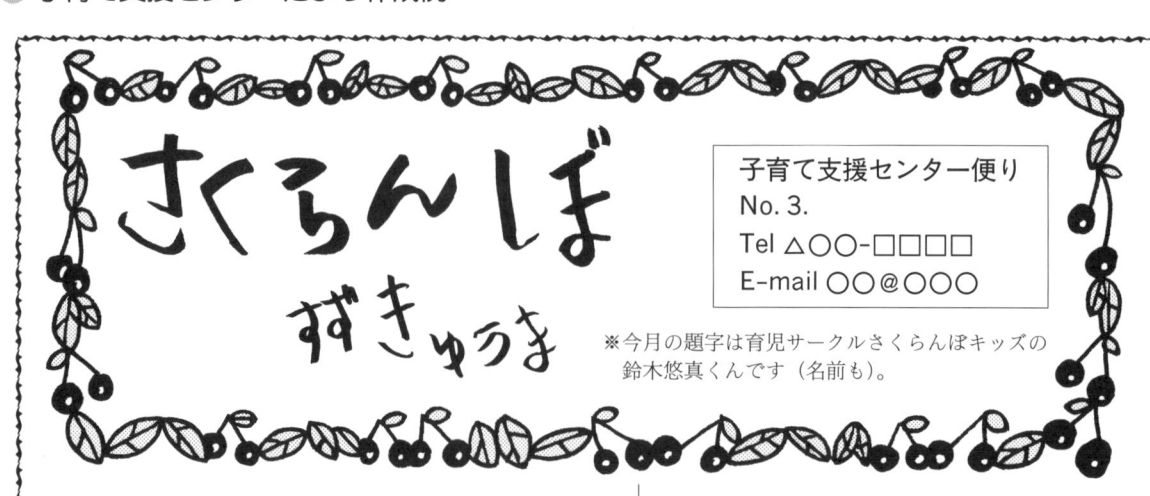

● 子育て支援センターだより作成例

さくらんぼ
すずきゆうま

子育て支援センター便り
No. 3.
Tel △〇〇-□□□□
E-mail 〇〇@〇〇〇

※今月の題字は育児サークルさくらんぼキッズの鈴木悠真くんです（名前も）。

子育てって本当に大変。毎日の育児の中で悩んだり困ったりすることもあるかと思います。センターでは、みなさんがリフレッシュして子育てに喜びがもてるようにお手伝いをしています。専門スタッフがいつでも相談にのりますので、ぜひ一度遊びにきてくださいね。

さくらんぼキッズ 新サークル員紹介

- 戦いごっこが大好きな元気モリモリ松岡洸希くん
- おしゃまで歌が上手な岩田七世（ななせ）ちゃん
- あんよを覚えて、すでに女番長、鈴木愛理ちゃん
- なわとび上手の手代木悠希ちゃん

小児救急講習実施

△月〇日、鴻上こどもクリニックの鴻上貴先生が小児救急について講義をしてくれました。実習もあって、みんな真剣。個人相談もしてくれました。ありがとうございました。

親子ふれあいリトミック

△月△日、細川美佳先生と、英語のリズムにのりながら、子どもといっしょに頭も体もリフレッシュしました。とても楽しかったです。

絵本読みきかせご案内

〇月△日、野呂田日出子先生と五十嵐美恵先生といっしょに絵本の読みきかせやパネルシアターを親子で楽しみませんか？

※参考に61ページ

● 子育て支援センターだより作成例

特別養護老人ホーム敬老園訪問

○月○日，育児サークルのみんなでお年寄りと交流しました。みんなで歌を歌ったり，ゲームをして記念写真もとりました。お年寄りにとってもホーム内の子どもたちの姿や声が刺激となって，心の栄養になりました。子どもたちもいろんなことを感じたようです。

おやこ劇団「聖十字（せいじゅうじ）」大好評！

○月△日，市内最強（!?）と言われるほど楽しい劇団「聖十字」さんが，来てくれました。次々と現れる怪獣や正義の味方にママも子どもたちも大喜びでした。

ありがとう

第8町内会の鈴木宏さん，鈴木千津子さん，青木伸夫さんからおもちゃの寄付がありました。

今月の絵本紹介

ふしぎな術をくりだす，まほうつかいのお話。3〜4才向け。ぴかぴか書房より，800円で。

※参考に48，49，56，63〜66ページ

● PR ちらし作成例

のびのび 子育て応援します

子どもは社会の宝物です。〇〇市子育て支援センターでは，明日を担う子どもたちの健やかな成長と，乳幼児をもつ，お母さんやご家族の方が安心して子育てができるためのお手伝いをしています。

★育児相談
・電話でも来所でもOK。専門スタッフが随時応対。
・平日10：00～16：00

★保育園開放
・園児と交流しながら楽しいイベントもあるヨ！
・毎週金曜日

★子育てサークル「ぽかぽか」
・就園前のお子さんをもつママさんサークル。遊びに来てネ。
・毎週水曜日

★親子スマイル教室
・親子で楽しく遊びながらみんなで子育てを考えましょう。
・毎週木曜日

★パパとふれあい倶楽部
・パパも一緒に親子行事に参加してみませんか。
・第2土曜日

・日程は変更することもあるので，センターに確認してからお越しください。
・他にもいろいろなサービスがありますよ！

お問い合わせ先：〇〇市子育て支援センター
　　　　　　　　住所□□
　　　　　　　　電話〇〇-△△××
子育て E-mail：〇〇〇@〇〇.com

※参考に5～8ページ

●●● あとがき ●●●

　私の母は 10 年以上保母（今でいう保育士）をやっていましたが，数年前に車にはねられて「あっ」という間に死にました。夜の小雨の中，友人の通夜に行く途中だったそうです。黒い喪服を着て横断歩道ではないところを渡っていたのですから，母をひいた方もお気の毒だったと思いました。おっちょこちょいの母らしい最期だったと思います。

　突然の死なのに（しかも，わが家は超貧乏だったのにもかかわらず），盛大な葬式が行われてびっくり。どこからやってきたのか，母を慕う園児たちがうじゃうじゃと押し寄せてきて，落書きに近い似顔絵やら，まるでハワイのバカンスかと思われる花輪やらを棺おけに次々と放り込んで，「先生，寝てるのかな」「鼻に何か詰まってる」などと言っている小さな姿をみていたら，私などはおかしくておかしくて涙が止まりませんでした。孫の顔も見られずに逝ってしまった母ですが，保育園で孫のようにかわいい子どもたちと過ごせた母は，幸せだったと思います。

　今では私も母親になりました。

　私はこれを読んでいるすべての人に言いたいです。母親に「私を産んでくれてありがとう。お母さんの子どもで本当によかった」と口に出して言ってあげてほしいのです。私はそれが言えなかった事が本当に悔やまれてならないからです。

　何十年か後にわが子たちが大きくなり家庭を持った時，「お母さん，私を産んでくれてありがとう。子育てって大変だねえ」というひとことを聞くために私は今，子育てをしているのかもしれません。そんなことを子どもたちが言ってくれたならば本望です。すかさず，私は鬼の首でもとったように恩着せがましく「そうでしょう，やっとわかったか，じゃあ，肩のひとつでももめ！」と騒ぎ立てるのに違いありません。

　そんな日を夢見て，皆さんも自分を大切にしながらいっしょに子育てをしていきましょうね。平凡で疲れる毎日のように思える育児ライフですが，実は私たちは若いころには予想だにしなかった新しく素晴らしい人生を着々と歩いているのです。なんていったって，ひとりの人間を育てているんですものね。

　最後に，この本を執筆するにあたって，絶大なる応援をしてくださった，家庭保育園ひよこクラブ代表・武田かほる先生，土永順子先生，東保育園子育て支援ルーム指導員・窪田博美先生，岩見沢聖十字幼稚園の皆様に，心から感謝します。もちろん，名前が書ききれないくらい，友人の支えもありました。ご先祖の皆様にも（!?）助けてもらいました。下の子が大病をして大変だったこともありましたが，いろいろな人のおかげで本ができました。ありがとうございました。

　でも一番お礼を言いたいのは旦那さんと子どもたちにです。

　本当にありがとう。

青木智恵子

著者紹介
●青木智恵子

　本名，鈴木智恵子。学生時代に広告デザイン・4こまマンガ・警備員・家庭教師等，様々なアルバイトをしながら，北海道医療技術短期大学部看護学科・北海道立衛生学院保健婦科を卒業。後に保健センターの保健師，病棟の看護師，保健所の保健師を務め，現在，北海道岩見沢市に在住。二児の母。

　同著者による『保健婦・養護教諭のための楽しいカット集』『高齢者福祉・介護・保健のためのイラスト・カット集』『栄養士のための楽しいイラスト・カット集』『そのままコピー！　母子保健のための楽しいイラスト・カット集』『介護保険・福祉に役立つイラスト・カット集』『ハンディ版　介護・福祉のちらし・おたより・カット集』（以上，黎明書房）も続々増刷発売中。

子育て支援のためのイラスト・カット集

2004年2月10日	初版発行		
2004年3月31日	2刷発行		
	著　者	青　木　智恵子	
	発行者	武　馬　久仁裕	
	印　刷	株式会社　太洋社	
	製　本	株式会社　太洋社	

発　行　所　　　　株式会社　黎　明　書　房

〒460-0002　名古屋市中区丸の内3-6-27　EBSビル
☎052-962-3045　FAX 052-951-9065　振替・00880-1-59001
〒101-0051　東京連絡所・千代田区神田神保町1-32-2
南部ビル302号　☎03-3268-3470

落丁本・乱丁本はお取替します。　　ISBN4-654-06080-4
Ⓒ C. Aoki 2004, Printed in Japan